Sigrid Alberti

Kann ich nicht = Will ich nicht

novum pro

Bibliografische Information
der Deutschen Nationalbibliothek:

Die Deutsche Nationalbibliothek
verzeichnet diese Publikation in
der Deutschen Nationalbibliografie.
Detaillierte bibliografische Daten
sind im Internet über
http://www.d-nb.de abrufbar.

Alle Rechte der Verbreitung,
auch durch Film, Funk und Fernsehen,
fotomechanische Wiedergabe,
Tonträger, elektronische Datenträger
und auszugsweisen Nachdruck,
sind vorbehalten

Gedruckt in der Europäischen Union
auf umweltfreundlichem, chlor- und
säurefrei gebleichtem Papier.

© 2022 novum Verlag

ISBN 978-3-99131-115-7
Lektorat: Elisabeth Pfurtscheller
Umschlagfotos: Mariia Sultanova,
Ananyaporn Sandee | Dreamstime.com
Umschlaggestaltung, Layout & Satz:
novum Verlag

www.novumverlag.com

INHALTSVERZEICHNIS

Vorwort 7
  Dieses Buch 9
Schicksalsfügung 11
  Der Tag 13
  Die Krankheit 14
  Spaß haben 15
  Krank sein 16
  Schule 17
  Pläne ade 18
  Krankenhäuser 19
  Blind 20
  Corona 21
  Mein Beruf 22
Zugehörigkeit 23
  Meine Familie 26
  Freunde 27
  Oma 28
  Freundschaft 29
  Gegangen 30
  Trennung und Scheidung 31
  Alleine 32
  Ich bin's nicht 33
  Verzeihen 34
Seelenreise 35
  Denken 38
  Kraftlos 39
  Stolz sein 40
  Schlaflose Nächte 41
  Oberflächlich 42
  Schmerz 43
  Mobbing 44
  Wut 45

Leistung 46
Selbstbewusstsein 47
Es war einmal … 48
Geliebt werden 49
Tränen 50
Perfekt und schön 51
Angst 52
Gefangen 53
Courage 54
Ich habe … 56
Herausforderungen 57
Sinn 58
Die Welt retten 59
Mich verstecken 60
Motivation 61
Ich will 62
Anders sein 63
Immer weiter 64
Die Reise 65
Der Berg 66
Zukunft 67
Mein Traum 68
Mehr W-I-R 69
Die Suche 70
Persönlich 71
Verloren 72
Schlusswort 73

VORWORT

Eine Biografie zu schreiben, bedeutet vieles: Rückschau halten, schonungsloses Erinnern und Stellung beziehen. Konventionell würde das als Prosatext Form nehmen. Liebe Leserinnen und Leser, konventionell könnt ihr von mir nicht erwarten! So gerne ich heute schreibe, mindestens ebenso sehr missfällt mir das Vorhersehbare, das bereits Dagewesene und Modellhafte. Das Leben ist schließlich bunt, also sollten es unsere Ausdrucksformen auch sein!

Nein, Prosa, das ist nicht meine Welt. Ich fühle mich bei den Querdenkern der Dichtung daheim, diesen Träumern und genauen Beobachtern, die in wenigen Zeilen die Welt offenlegen und hinterfragen können. Doch all jene, die nun romantische Zeilen und ein vorgefertigtes Reimschema erwarten, muss ich enttäuschen. Meine Dichtung kennt keinen formellen Rahmen und stellt nicht den Anspruch, die Realität durch eine rosarote Brille zu betrachten. Dichtung geht auch anders, direkter, ehrlicher – vielleicht sogar gnadenloser. Mich beschäftigen so viele Themen, bei denen es notwendig ist, die Scheuklappen abzulegen und genau hinzusehen: Politische und gesellschaftliche Verwerfungen sind mir ebenso Herzensthemen wie die Integration von benachteiligten Menschengruppen. Dichten heißt auch, den Finger in die offenen Wunden unserer Gemeinschaft zu legen. Heilung ist nur dann möglich, wenn wir über Verwerfungen und Missstände ins Gespräch kommen.

Meine Biografie ist eine Krankheitsgeschichte. Manch einer würde es wohl gar als Leidensgeschichte titulieren. Während es zutreffend ist, dass ich viel Schmerz erfahren habe, sehe ich mein Leben unter einer anderen Überschrift stehend: Hoffnung. Zuversicht und Kampfgeist sind darüber hinaus jene Wörter, die meinen Weg wohl am ehesten abbilden. In der Politik und im Kampf für mehr Gerechtigkeit bin ich widerspenstig. Ebenso im Umgang mit meiner Krankheit. Nicht aufgeben wurde mir zum Mantra, zum Motto, zur Devise. Die Menschen in meinem Umfeld haben mir viel nicht zugetraut, gesagt: „Das kannst du ja gar nicht!" – Ihnen möchte ich heute zurufen: „Kann ich nicht ist weitergleich, will ich nicht!" Damit meine ich, dass der Wille ein entscheidender Motor ist. Wenn er eingerostet ist, bleibt das Lebensschiff mitten im Ozean des Schicksals stehen. Es liegt an uns allen, diesen Motor frei von Schäden zu halten, indem wir ihn warten und pflegen. Statt auf konventionelles Motoröl, das Sinnen nach Geld oder Macht, habe ich stets auf das Prinzip Hoffnung gesetzt. Rückschläge im Leben passieren, sie können uns dazu zwingen, dass wir uns neu orientieren müssen. So war es auch bei mir. Mein Leben ist anders verlaufen, als ich es mir in Kindertagen am Schoß meiner geliebten Oma sitzend erträumt hätte. Ihre Güte und Liebe strahlten so stark, dass sie bis heute in meinem Herzen einen Quell gebildet haben, der mich speist und antreibt. Ihr widme ich dieses Buch.

Ein Buch, das anders ist – so wie ich. Widerspenstiger, als man es von Dichtung vielleicht gewohnt ist. Gleichzeitig schlummert in ihr jedoch vor allem eins: der Keim der Zuversicht. Ich lade euch ein, liebe Leserinnen und Leser, mit mir auf eine Reise zu gehen, die neben Schicksalsschlägen, schwierigen Beziehungen und Seeleneinblicken vor allem einem Thema untergeordnet ist: der menschlichen Courage. Lasst uns gemeinsam ausziehen und Mut beweisen! Mut zum Anderssein. Mut zum Querdenken. Und in Erinnerung an meine Oma: Mut zur bedingungslosen Liebe.

Dieses Buch

Dass ich ein Buch schreibe, hätte ich nie gedacht!
Ich weiß doch gar nicht, wie man das macht!
Doch die Neugier wurde so groß,
also legte ich los!
Ich dachte im Stillen bei mir:
„Keine Panik, das Internet hilft dir!"
Ich fing an, Google zu fragen,
und wurde von den Suchergebnissen fast erschlagen.
Habe mir viele angeschaut
und erfahren, was man zum Schreiben so braucht:
Da war von Plots und Mindmaps die Rede,
die ich natürlich vorher anlege.
Von festen Zeiten, an denen man schreiben soll …
„Nee, das ist nicht das, was ich will!"
Und irgendwann merkte ich,
Bücherschreiben ist wohl nichts für mich.
Eines Tages fielen mir meine Gedichte ein,
die mussten doch noch irgendwo sein!
„Wer suchet, der findet", dachte ich mir,
und fand sie handgeschrieben auf Papier.
Wie man Gedichte schreibt, habe ich nicht gelernt,
habe das Talent wohl von meiner Mutter geerbt.
In Gedichten drücke ich Gefühle aus
– die müssen ja irgendwie raus!

Ich schreibe darüber, was mich bewegt …
… was man so alles im Leben erlebt!
Manchmal habe ich sie jemandem vorgelesen.
Manche haben sie bewegt.
Jemand sagte zu mir:
„Schreib doch ein Buch über das Leben von dir!"
„Ich kann nur Gedichte."
Er sagte: „Na und? Such fürs Kneifen einen besseren Grund!"
Ich dachte viel darüber nach,
und mein Bauch sagte: „Mach!"
Normalerweise höre ich auf meinen Verstand,
jetzt hatte mein Bauch das Zepter in der Hand!
Ohne Plot und Mindmap fing ich an,
schreibe nicht zu festen Zeiten.
Ich schreibe nicht auf Knopfdruck
und setze mich nicht unter Druck.
Ich schreibe eine etwas andere Biografie
– in Gedichten, das gab's noch nie!
Ich möchte die Leser motivieren,
mal neue Dinge auszuprobieren!
Wenn man will, schafft man so vieles.
„Also? Los! Probiert es!"

SCHICKSALSFÜGUNG

1981 fieberte die ganze Welt mit, als Lady Diana mit ihrer schier endlosen Schleppe Richtung Altar schritt. Das Jahr stand unter den Vorzeichen der Liebe und des Friedens. Kundgebungen in ganz Europa forderten ein Ende des Kalten Krieges, geopolitische Entspannung, die Rückkehr zur Normalität. 1981 war für mich das Jahr, in dem mir eröffnet wurde, dass es Normalität für mich nie wieder geben würde. 16-jährig saß ich in der Universitätsklinik Münster und das, was mich anders machte, bekam zum ersten Mal einen Namen: *Morbus Addison*. Nebennierenrindenunterfunktion. Zur damaligen Zeit eine Erkrankung, die den wenigsten Menschen ein Begriff war. Der behandelnde Arzt war sichtlich mitgenommen, als er meine Mutter und mich wissen lassen musste, dass ich wohl zum permanenten Pflegefall werden würde. Meine Frage, wie lange ich noch leben würde, löste ein nervöses Zittern bei ihm aus. „Willst du das wirklich wissen?", fragte er mich schließlich. Ja, das wollte ich –, nein! – musste ich wissen. Die zwei Jahre, die er mir prognostizierte, konnte ich seither zwanzigmal überdauern.

Am Heimweg von der Klinik wusste ich das noch nicht. Vor meinem geistigen Auge brach jene Zukunft zusammen, die ich mir herbeigesehnt hatte. Zu den Fragen, die mich nicht zur Ruhe kommen ließen, gehörte, ob ich überhaupt die Schule würde abschließen können. (Später stellte sich heraus: Ja, konnte ich.) All die Szenarien, die sich mir aufdrängten, nahmen mich so dermaßen in Beschlag, dass ich den Entschluss fasste, mich auf eine einzige Frage, die wohl essenziellste, zu konzentrieren: Bleiben oder Gehen? Während Gassen, Häuser und später Wiesen und Felder außerhalb des Autos an mir vorbeizogen, zählte ich an zehn Fingern ab, ob mein Weg einer des Kämpfens oder der ultimativen Kapitulation sein würde. Liebe Leserinnen und Leser, die Zeilen dieses Büchleins können am besten Zeugnis darüber ablegen, wie meine Entscheidung schließlich ausfiel.

In der ersten Zeit nach der Diagnose hielt meine Mutter mich unter Verschluss. Mein Zimmer, maximal das Innere unseren Hausen, bildeten den Dreh- und Angelpunkt meiner Existenz. Sehr wohl durfte ich vor die Tür, allerdings nur nachts und an der Hand meiner Mutter von ihr geleitet. Sie schämte sich, wollte mich vor den Blicken der Nachbarn bewahren. Vermeiden, dass diese ins Reden kommen würden. Man möge glauben, ich hätte über Nacht einen zweiten Kopf aus meinem Hals wachsen lassen, so agierte sie.

Die Realität ist eine andere: Der menschliche Körper kann mit einem Turm verglichen werden, dessen Fundament aus essenziellen Eckpfeilern, den Botenstoffen, gezimmert ist. Fällt einer dieser Grundbausteine weg, wird das Fundament wackelig. Bei mir fehlt Cortison, das Stresshormon. Krisen, Anspannung, ja selbst die kleinste Überhitzung können zu Bruchlinien werden, die im äußersten Fall zum Totalkollaps führen.

Durch den Mangel an Cortison sind meine Gelenke nicht richtig ausgebildet, die Hände verkrümmt. Der medizinische Name dafür birgt seine eigene Poesie: Schwanenhalsdeformität. Nach der Diagnose wurde mein Leben gezwungenermaßen vorsichtiger als das anderer Menschen. Stressfaktoren und Infekte muss ich tunlichst vermeiden. Kommt es zur Überladung des Systems, ist es nur der Griff zur Cortisonspritze, der das Schlimmste abzuwenden vermag. Heute ist die Erkrankung ein Teil von mir und dieser Körper, der mich als anders ausweist, der die argwöhnischen und missgünstigen Blicke anderer auf sich zieht, einer, in dem ich mich wohlfühle.

Meine Entscheidung damals war nicht bloß die, am Leben zu bleiben. Vielmehr noch war es ein bewusstes Sich-Entschließen zur Teilhabe am Leben. Die Welt und die Menschen zu erfahren, in all ihren Widersprüchen und Facetten, war das, das ich mir damals ins Stammbuch meines Daseins schrieb. Seither habe ich den Stift nicht mehr beiseitegelegt.

Der Tag

Da gab es diesen einen Tag,
an den ich nicht mehr denken mag.
Es war der Tag, der meinem Leben
eine neue Richtung hat gegeben.
Der Tag, an dem ich die Diagnose bekam,
die mir plötzlich all meine Träume nahm.
Sie schlug wie eine Bombe ein –
und ich fühlte mich so allein!
Wie durch Watte hörte ich:
„Es bleibt nicht mehr viel Zeit für dich!"
Meine Gedanken kreisten wie wild –
und niemals vergesse ich das Bild:
der Arzt, er weinte.
Meine Mutter, sie schrie.
Und ich lag da und dachte mir,
„Verdammt, was passiert denn hier?"
Mein Leben sollte schon bald zu Ende sein,
das sollte ich akzeptieren, dazu sagte ich: „NEIN!"
Eine Entscheidung musste also her,
denn ich wollte vom Leben doch noch so viel mehr!
Schnell stand für mich fest:
I will do my very best!
Und so kämpfte ich mich – Stück für Stück –
mit all meiner Kraft in das Leben zurück …

Die Krankheit

Sie kam schleichend,
aber mit Macht.
Mein Leben änderte sich fast über Nacht.
Ich werde sie nie wieder los!
Das Entsetzen war erst groß ...
Ich kann jederzeit daran sterben!
Den Umgang damit musste ich mühsam lernen ...

Spaß haben

kann man auch trotz Krankheit.
Ganz egal, was andere sagen!
Kommt darauf an, was man darunter versteht
und dafür bis an seine Grenzen geht.
Ich muss nicht Mountainbike fahren
oder mit dem Jetski übers Wasser jagen!
Dass auch ich Spaß haben kann, hat erst keiner geglaubt.
Sogar die Ärzte haben es mir nicht erlaubt.
Moment mal! Heißt es nicht: „Lachen ist gesund"?
Und das ist doch wohl ein guter Grund!

Krank sein

ist nicht wirklich toll.
Auch ich habe die Nase davon manchmal voll!
Ich kann vor ihr nicht einfach weglaufen;
und Gesundheit, die kann man sich nicht kaufen.
So stellt sich die Frage,
welche Möglichkeiten ich noch habe.
Gut, ich könnte mich in mein Schicksal fügen …
oder die Krankheit in den Griff kriegen!

Schule

Ich stand kurz vor dem Abschluss und hätte niemals gedacht,
dass eine Krankheit mir einen Strich
durch die Rechnung macht.
Im Unterricht schlief ich sogar ein,
in meinen Kopf ging nichts mehr rein ...
Irgendwie habe den Abschluss gemacht –
mit allerletzter Kraft!

Pläne ade

Klar habe mir die auch gemacht.
Dass sich das nicht lohnt, hätte ich nicht gedacht!
Immer, wenn ich gerade wieder einen hatte,
kam etwas, das ihn wieder zunichte machte.
„Toll!", dachte ich und fing von vorne an,
entwarf mir wieder einen neuen Plan.
Nach unzähligen Versuchen wurde mir langsam klar,
dass ich nicht schuld am Scheitern war.
Das Leben lässt sich nicht planen …
so sehr wir es auch versuchen.

Krankenhäuser

wurden zu meinem zweiten Zuhause.
Von einem zum anderen ging die Reise.
Irgendwann habe ich aufgehört, sie zu zählen.
Es sind bis heute schon sehr viele gewesen.
Denn durch die Erkrankung kommt immer etwas dazu,
egal was ich auch tu …
Doch auch das schreckt mich nicht ab –
weil ich immer noch viele Pläne und Wünsche hab!

Blind

Dass meine Erkrankung verdammt tückisch ist,
war mir immer sehr bewusst.
Ich habe ein labiles Immunsystem,
der ständige Gedanke daran ist nicht gerade angenehm!
„Ja nicht erkälten!", lautet die Devise und Panik kommt auf,
wenn ich mal niese!
Und werde ich doch mal krank,
folgt sofort der Blick in den Medikamentenschrank.
Dann heißt es: „Mehr Cortison nehmen!",
denn das hält mich am Leben.
Bisher hat das immer gut funktioniert.
Man hält so viel aus, wenn man sein Leben liebt.
Auch als ich eine Gehirnthrombose bekam,
die mir mein rechtes Augenlicht nahm ,
habe ich nicht aufgegeben …
Aufgeben ist noch nie eine Option für mich gewesen!
Ich habe mein Leben wieder umgestellt.
Und nehme die Welt jetzt anders wahr …
viel intensiver sogar!

Corona

Das Leben ist nicht immer fair,
doch ich liebe es sehr.
Habe schon viele Klippen umschifft.
Jetzt steht da eine neue,
die *Corona* heißt.
An ihr kommt man nicht so leicht vorbei.
Die Angst vor Ansteckung ist immer dabei.
Gut, dass ich ein positiver Mensch bin,
denn das macht jetzt Sinn!

Mein Beruf

„Arbeiten Sie etwa noch?", wurde ich wieder gefragt.
„Na klar!", habe ich lächelnd gesagt.
Der Blick war wieder phänomenal …
Für mich ist das schon normal.
Für viele heißt es: „Behinderte sind automatisch dumm!"
Ich frage mich dann immer: „Warum?"
Seit mehr als dreißig Jahren in derselben Firma …
und das klappt richtig prima!
Ans Aufhören habe ich noch nie gedacht.
Ich schaffe es auch weiter, das wäre doch gelacht!
Außerdem macht mich nicht arbeiten erst recht nicht gesund.
Deshalb gibt es fürs Aufgeben keinen Grund.

ZUGEHÖRIGKEIT

Bis heute sind es die verstohlenen Blicke, die mich am meisten schmerzen. Ich kann den Menschen ansehen, wie sie mich bewerten, kategorisieren, abstempeln. Mein Aussehen, die Art, wie ich spreche und mich bewege, all das wird seziert und ohne auch nur ein Wort mit mir gewechselt zu haben, wird ein Urteil gesprochen: Die ist anders, auffällig, *behindert*. Jenen, die glauben, dass einzig Worte verletzend sein können, möchte ich entgegenhalten, dass man Worten zumindest entgegentreten kann. Einem Blick ist man ausgeliefert, kann nichts anderes tun, als ihn zu erwidern. Oft schon habe ich mich gefragt, was diese Menschen wohl in meinen Augen abzulesen vermögen. Resignation? Wut? Den Wunsch, gesehen zu werden?

In meinem Leben gab es nur einen Menschen, der mich stets gesehen hat, der mich stets als die akzeptiert hat, die ich bin: meine Oma. Sie wurde mir zum großen Vorbild, war mein Fels in der Brandung, der hellste Stern am Firmament, an dem ich mich auch in Momenten der größten Dunkelheit orientieren konnte. Wenn ich nur einen Funken ihrer Stärke, ihres Selbstbewusstseins und ihres Gerechtigkeitssinns in mir trage, dann kann ich mich glücklich schätzen. Meine Oma konnte, wozu nur wenige Menschen fähig sind, wozu leider auch die wenigstens Menschen im Laufe meines Lebens fähig waren: Sie konnte mich sein lassen, ohne mich verändern zu wollen. Sie wusste genau, dass ihre Sigrid eben anders war, kein typisches Mädchen, eine Realistin. Heute würde ich ihr so gerne sagen: „Danke, Oma. Du hast mich zu dem Menschen gemacht, der ich heute bin!"

Doch auch andere haben einen wesentlichen Beitrag zu meiner Entwicklung beigesteuert. Von ihnen ging nicht dieselbe Wärme aus, die meine Oma mir vermittelte, vielmehr waren es Beziehungen, die mit Enttäuschung einhergingen. Eltern, die mit meiner Krankheit nicht umgehen konnten, vielleicht gar nicht damit umgehen wollten. Ein Bruder, der eines Tages seine sieben

Sachen packte und seither nichts mehr hat von sich hören lassen. Beim Leichenschmaus, nachdem wir unsere Mutter zu Grabe getragen hatten, legte er mir die Hand auf meine rechte Schulter und zeigte auf meinen Kaffeebecher. „Du hast noch Kaffee in der Tasse, den kannst du ja noch austrinken, wir gehen dann einmal!", sagte er ganz beiläufig zu mir. Dass dies die letzten Worte waren, die er an mich richten würde, konnte ich zu diesem Zeitpunkt noch nicht wissen. Verlassen wurde ich auch von meinen Schulkameradinnen, denen meine Andersartigkeit stets schon ein Dorn im Auge gewesen war. Das wurde durch die Diagnose und die mir dadurch erwachsenen „Privilegien", etwa im Turnunterricht, nur noch verstärkt. Auch meine beste Freundin ging, ohne dass ich bis heute so recht weiß, warum ...

Nur einmal war ich diejenige, die ging, übte mich in der Rolle nicht der Verlassenen, sondern der Verlassenden. Über meine Ehe möchte ich mich in weiterer Folge nicht ausgiebig äußern, nur so viel sei gesagt: Die Rolle der Hausfrau, des stillen Weibleins am Herd, die konnte und wollte ich mir nicht überstülpen lassen.

Liebe erfahren und Liebe ausstrahlen, das habe ich mir gewünscht. Heute bin ich stolz darauf, dass es einen Menschen gibt, auf dessen Liebe ich mich verlassen kann: mich selbst. Der Weg bis hierher, dass ich nun selbstbewusst schreiben kann, dass ich nichts als Liebe für mich empfinde, war steinig. Weggefährten haben andere Abzweigungen eingeschlagen, waren nicht fähig und vielleicht auch nicht gewillt, mich auf meinem Lebenspfad zu begleiten. Ihnen begegne ich heute mit nichts anderem als jener Liebe, die ich für mich selbst einfordere. In Hass und Wut zurückzublicken, das Negative in der Seele zu nähren, aus dem entsteht nichts – es zerstört nur, lässt uns kalt und zynisch werden. Mein Kurs vorwärts ist ein anderer und ich spüre tief in mir, dass er bis heute vom Leuchten meines eigenen Polarsterns erhellt wird. Oma nimmt mich immer noch an der Hand und zeigt mir, wohin die Reise geht. Wenn wir nicht zumindest vierundzwanzig Stunden in den Schuhen eines anderen Menschen gelaufen sind, sollten wir uns kein

Urteil über diesen anmaßen. So hat sie gelebt. So lebe ich heute. Schön wäre, wenn auch andere so leben würden. Die Blicke halten an. Mittlerweile weiß ich jedoch, dass sie gar nicht so viel mit mir zu tun haben, sondern der Angst und dem Unwissen jener entspringen, die mit alldem, was nicht der Norm entspricht, nicht umgehen können.

Meine Familie

Mit der Krankheit kam sie nicht klar.
Ich weiß noch genau, wie das für mich war.
Mein Vater zog sich von der Familie zurück;
jeden Tag ein kleines Stück ...
Er versuchte, den Kummer mit Alkohol zu betäuben.
Mein Gott, wie musste er mich lieben!
Damals habe ich das *Warum* nicht kapiert ...
Er hatte einfach Angst, mich zu verlieren!
Meine Mutter versuchte,
meine Krankheit vor den Nachbarn zu verstecken.
Lebte mit der Angst, jemand könnte etwas merken!
Mein älterer Bruder war selten zu Haus';
schließlich zog er aus ...

Freunde

hatte ich seit der Diagnose keine mehr.
Erst belastete mich das sehr …
besonders, da ich nicht weiß, „warum?".
Die Frage ging mir lange im Kopf herum.
Sie haben nicht mehr mit mir geredet,
sondern sich einfach verdrückt!
Und jetzt wieder hier …
Die Gedanken, sie kreisen in mir!
Hätte ich mit ihnen reden sollen?
Wäre es dann nicht so weit gekommen?

Oma

„Mein Gott, wie sehr habe ich sie geliebt!"
Und in meinem Herzen sie immer weiterlebt …
Sie hielt die Familie zusammen.
Für alle da zu sein – daraus bestand ihr Leben.
Jede freie Minute habe ich bei ihr verbracht,
wir haben so viel gelacht!
Sie hat mich in die Arme genommen;
von ihr habe ich Liebe bekommen.
Meine Oma hat mich so wie ich bin akzeptiert.
Dass ich anders bin, hat sie nicht interessiert!
Mit ihr konnte ich über alles reden;
sie hat mir so viel Kraft gegeben!
Ich habe sie niemals laut erlebt,
und doch haben alle vor ihr Respekt gehabt!
Nie werde ich den Tag, als sie starb, vergessen;
ich hatte auf ihrem Bett gesessen.
Sie sagte zu mir:
„Jetzt ist alles geregelt, jetzt kann ich gehen!"
Und schlief friedlich ein.

Freundschaft

Manche eine hört plötzlich und unerwartet auf.
Tja, so ist halt des Lebens Lauf!
Ab und zu bekommt man es gar nicht mit …
Irgendwann fällt einem auf, dass es so ist.
Auch ich habe das Ende nicht kommen sehen …
kann es auch immer noch nicht wirklich verstehen.
Mein halbes Leben hat sie überdauert,
und das hat mir wirklich sehr viel bedeutet.
Jetzt ist sie zu Ende und es tut richtig weh …
Und ich denke, dass ich meine Freundin nie mehr wiederseh'

Gegangen

Vor acht Jahren ist er einfach gegangen.
Und seitdem nicht mehr wieder gekommen.
Ich kann es immer noch nicht fassen –
er hat mich einfach alleine gelassen!
Warum werde ich wohl nie erfahren;
kann ihn ja nicht einmal fragen!
Er hat den Kontakt komplett abgebrochen.
Hat er mich vielleicht sogar vergessen?
Weder weiß ich, wo er jetzt lebt –
noch, wie es ihm geht …
Er ist doch mein Bruder!
Ich möchte ihn verstehen …
Aber mehr noch möchte ich ihn wiedersehen!

Trennung und Scheidung

Als ich wusste, ich muss aus dieser Ehe raus,
sah ich wie ein Geist aus.
Ich war nur noch ein Schatten –
mit jeder Menge Schuldgefühlen.
„Ich verlasse dich", konnte ich ihm nicht einfach sagen;
also fing ich an, alles heimlich zu planen.
Keiner durfte davon erfahren …
Nach einem Jahr war es dann so weit
und ich zum Auszug bereit.
Die Schlüssel legte ich ihm hin,
und in einem Brief schrieb ich, dass ich jetzt weg bin.
Er dachte ernsthaft, ich käme zu ihm zurück …
Doch ich ließ mich scheiden –
zum Glück!

Alleine

Da stand ich vor den Trümmern ...
Musste mich jetzt auch noch um meine Mutter kümmern!
Sie wurde immer depressiver,
hielt sich für eine schlechte Mutter.
Auf meine Familie konnte ich nicht zählen.
Auf ihre Hilfe brauchte ich nicht hoffen.
Und langsam merkte ich,
ich kämpfe jetzt allein für mich!
Erst war nicht leicht ...
Ich hatte Angst, dass meine Kraft nicht reicht.
Alleine gegen diese Übermacht –
das hat mich nur noch stärker gemacht!
Ich weiß jetzt, ich kann sehr viel,
weil ich es will ...

Ich bin's nicht

Ehrlich, ich habe es lange probiert,
und mich dafür oft verflucht.
Ich will keine Tische dekorieren
und abends den Gästen das Essen servieren!
Ich wurde in die Rolle der Hausfrau gepresst.
Doch die Rolle war mit mir total falsch besetzt.
Mir fällt auch nicht ein, die Wohnung zu schmücken;
oder ständig die Möbel geradezurücken.
Die Rolle habe ich abgegeben –
jetzt habe ich ein ruhigeres Leben!

Verzeihen

können ist oft so unheimlich schwer.
Und doch wünsche ich es mir.
Dadurch ließen sich Konflikte lösen.
Dafür sorgen, dass sich Menschen wieder mögen!
Ist es der Mut, der mir dazu fehlt?
Die Angst, dass mein Bemühen sein Ziel verfehlt?
Ganz tief in mir bin ich mir sicher,
könnte ich verzeihen, ginge es mir besser!
Oft sind es nur Kleinigkeiten,
vieles ließe sich vermeiden!
Da wird nicht richtig zugehört,
das Gesagte falsch interpretiert.
Missverständnisse kommen noch obendrauf –
und das Drama nimmt seinen Lauf.
Man will nicht mehr miteinander reden,
sich nicht aufeinander zubewegen.
Ich habe das selbst schon erlebt;
weiß, wie sowas geht!
Ein einziger Satz hat gereicht;
er hat meine beste Freundin und mich auseinandergebracht!
Das ist jetzt schon eine ganze Zeit her,
und unsere Freundschaft fehlt mir sehr!

SEELENREISE

Die Gedanken kreisen. Fortwährend. Manchmal fühlt es sich an, als würden sie nie zur Ruhe kommen. Man spricht gemeinhin von herz- und kopflastigen Menschen. Mir fällt es nicht schwer, mich eindeutig jenen zuzuordnen, deren Weltbild und Handlungsspielraum dem Haupt entsprungen sind. Mein Engagement jedoch, meine Überzeugungen, die sind im Herzen beheimatet. Wenn man sich mit vollem Einsatz einer Sache widmet, ist man ihr mit Leib und Seele verschrieben. Meine Seele, dieses zarte Etwas, das wir ins uns tragen, das unsere Menschlichkeit ausmacht, ist ungewöhnlich kämpferisch: Sie drängt stetig vorwärts, kann den Stillstand gar nicht leiden. Während ich diese Zeilen schreibe, steht die ganze Welt still. Ein Virus, der grassiert, um sich schlägt, vor nichts und niemanden Halt macht, hat die Welt lahmgelegt. Wohlmöglich ist dies ein Moment, um innezuhalten. Fragen zu stellen. Der Gesellschaft einen Spiegel vorzuhalten. Man möge meinen, der Virus diskriminiere nicht, würde uns alle gleich betreffen. Dass dem nicht so ist, liegt für jene, die an den Rand der Gesellschaft gedrängt werden, auf der Hand. Ungleichbehandlung ist auch in der Pandemiebekämpfung ein Thema. Der Kampf um Chancengleichheit seit jeher meine Antwort darauf.

Deutschland ist, gelinde gesagt, säumig in Fragen der Inklusion. Zugegeben: Weggesperrt wurde ich aufgrund meiner Erkrankung nicht, auch wenn dies in früheren Zeiten durchaus üblich war. Dennoch wurde meine Existenz unter den Teppich gekehrt – von meiner Mutter, ihrem Umfeld, der Gesellschaft als Ganzes. Solche Muster verlernt man nicht von einem Tag zum anderen. Lange hat es gebraucht, bis ich für mich selbst eintreten konnte. Denn erst, wenn wir lernen, für unsere eigene Existenz Fürsprache zu leisten, können wir dies auch für andere tun.

Meine Seele schmerzt, wenn ich bedenke, wie viele Menschen nach wie vor von der Allgemeinheit links liegen gelassen werden. All jene, die – nur weil sie anders sind – abgestempelt werden. Vielfalt ist keine Bedrohung, sondern die größte Chance, die wir als Gemeinschaft haben. Wir müssen die Bedingungen schaffen, dass sich jeder Mensch frei von Vorurteilen entfalten und somit seinen Beitrag leisten kann. Jeder Einzelne von uns ist wertvoll und hat es verdient, Anerkennung und Respekt zu erfahren. Dafür kämpfe ich – auch in meiner politischen Heimat, der grünen Bewegung, deren Motto es ist, niemanden am Rand stehen zu lassen.

Die zentralen grünen Themen, wie Umweltschutz, die Bewahrung der Natur und Nachhaltigkeit, sind mir in die Seele geschrieben. Nirgendwo sonst kann sie sich so frei entfalten wie in den Feldern und Wäldern. Ich spüre förmlich, wie mein Inneres genährt wird, wenn ich den Wolken bei der Formationsbildung zusehe. Der Blick in das ruhige Wasser eines Sees und die Beobachtung der Entenfamilien, die über ihn gleiten – kurzum das Schauspiel der natürlichen Welt, das sind meine Ankerpunkte, die mich zur Ruhe kommen lassen. All diese Momente, am liebsten würde ich sie einfangen und in hübschen Glasbehältern bewahren können. Stattdessen sammle ich sie tief in mir, baue mir aus ihnen ein Reservat, auf das ich zurückgreifen kann. Auch oder vielmehr vor allem dann, wenn die Dunkelheit überhandzunehmen scheint.

Seelenreisen haben es so an sich, dass sie nicht nur die hellen Momente umfassen. Gefühle sind vielgestaltig, reichen sie doch von der größten Euphorie bis hin zum gewaltigsten Unglück. Sich ihnen zu stellen, auch den unangenehmen, verlangt Mut und Stärke. Insbesondere jedoch erfahren wir unsere Gefühle nur dann vollkommen, wenn wir uns frei fühlen. Diese Reise wäre nicht die meinige ohne den Befreiungsschlag, zu dem ich mich durchringen musste. Ich setzte an, aus dem Käfig auszubrechen. Dieser Käfig wurde nicht einzig und allein durch mein Umfeld geschaffen – nein! Auch ich trug einen Anteil an seiner Konstruktion. Mein Schutzpanzer war mir zum Gefängnis geworden. So ein Panzer bewahrt einen vor Verletzungen, gleichzeitig wird er durch seine Undurchlässigkeit charakterisiert. Das Einlassen von negativen Dingen wird dabei genauso verunmöglicht wie das der schönen Aspekte. Unter dem Panzer einer Schildkröte verbirgt sich weiches Fleisch. Nimmt man ihr diesen weg, wird sie angreifbar. Indem ich schreibe, meine Gedichte in die Welt entlasse, entledige ich mich Stück für Stück meiner Schutzhülle. Was übrig bleibt, ist das weiche Fleisch meiner Seele. Liebe Leserinnen und Leser, bitte geht behutsam damit um!

Denken

Ich denke nach und denke viel quer;
brauche Input immer mehr.
Habe schon viele Nächte über etwas nachgedacht
und mich um meinen Schlaf gebracht!
Ich kann es einfach nicht lassen,
mir Gedanken über alles zu machen!
Themen gibt es ja genug …
doch Nachdenken ist nicht immer klug!
Viele Fragen bleiben offen …
auf Antworten kann ich nur hoffen!
Und trotzdem höre ich nicht auf damit,
weil nur wer denkt, verändert so die Welt!

Kraftlos

An solchen Tagen stelle ich mir Fragen.
Dann ist da diese Negativität,
die langsam in mir entsteht.
Sie macht sich in mir breit,
ist zur Übernahme bereit!
Ich höre sie lachen
– sie will mich fertig machen!
Wie ein Dämon kommt sie mir vor …
„Gib auf!", flüstert sie mir ins Ohr.
„Zu kämpfen lohnt sich doch nicht!",
sagt sie mir direkt ins Gesicht.
Fast hätte sie gewonnen,
mir noch mehr Kraft genommen!
Wir stehen uns gegenüber,
und ganz langsam kommt die Kraft in mir wieder.
Sie beobachtet mich genau,
denn sie ist verdammt schlau!
Bereitet die nächste Attacke vor,
flüstert mir wieder etwas ins Ohr …
Plötzlich schrei ich ihr und Gesicht:
„HAU ENDLICH AB! DU KRIEGST MICH NICHT!"
Dann geht sie und ich schau ihr hinterher.
Sie dreht sich um, sieht noch einmal zu mir …
Dann denke ich mir: „Ihren Job möchte ich nicht machen!"
Und fange an, laut zu lachen.

Stolz sein

auf mich – genau das kann ich nicht,
obwohl es genug Gründe dafür gibt.
Warum das so ist, kann ich nicht beschreiben,
vielleicht will ich nicht arrogant erscheinen?
Lob anzunehmen, fällt mir sehr schwer,
auch wenn ich es natürlich gerne hör.
„Wir sind stolz auf dich", haben meine Eltern nie gesagt.
Ob sie es waren, habe ich sie niemals gefragt.
Vielleicht war es ein Fehler?
Ich kann es nicht sagen.
Leider kann ich sie heute nicht mehr fragen.
Zu lernen, stolz auf mich zu sein, wird nicht leicht.
Und ich weiß auch genau:
Dafür brauche ich Zeit!

Schlaflose Nächte

Und wieder eine schlaflose Nacht;
auch in dieser habe ich nachgedacht.
Über was ganz genau, weiß ich nicht mehr;
aber es beschäftigte mich wohl sehr.
Morgens dann frage ich mich:
„Denken die anderen nachts auch so viel wie ich?"
Ich habe es schon mit Tee und Lavendel probiert;
hat allerdings nicht so wirklich funktioniert.
Das Licht mache ich mit dem Schalter aus,
wie man den Kopf ausschaltet, finde ich auch noch raus!

Oberflächlich

so sind die Menschen heute.
Was sind das nur für Leute?
Wichtig ist, was jemand hat;
das Wesen der Menschen interessiert nicht.
Was zählt sind die Äußerlichkeiten ...
Gehört jemand zu den Armen oder den Reichen?
Mit einem Blick wird man abgescannt
und dann in eine Schublade gesteckt!
Ist man da erstmal drin,
nützt kein Betteln und Flehen,
denn meistens kommt man nicht wieder raus.
So sieht die Realität leider aus!
Ich stecke bestimmt auch in vielen Schubladen;
mittlerweile kann ich mit dem Gedanken daran sehr gut leben
...
Vielleicht sehe ich es als Kompliment,
eines, das nicht jeder bekommt.
Wichtig ist, selbst nicht oberflächlich zu sein ...
Denn in eine Schublade gehört alles Mögliche, aber kein
Mensch hinein!

Schmerz

erzeugt von den Blicken,
die mich draußen treffen.
Wie Nadelstiche auf der Haut ...
Ich könnte schreien –
ganz laut!
Doch ich schweige, leide still,
obwohl ich das nicht will!
Ich halte ihn aus,
gehe trotzdem raus.
Es wird die Zeit kommen,
der Schmerz wird gehen.
Noch ist es nicht so weit ...
Denn selbstbewusst werden, ist nicht leicht!

Mobbing

Auch ich kenne es gut.
Weiß genau, wie verdammt weh das tut!
Ich hatte nie gelernt, mich zu wehren;
und so konnte ich zum perfekten Opfer werden ...
Schnell hatten die andern es raus;
und nutzten es, wo immer es ging, aus.
Ich litt still vor mich hin ...
War der Meinung, dass ich zu Recht das Opfer bin.
Ist es das Gefühl von Macht?
Ich habe viel darüber nachgedacht ...

Wut

Ich spüre sie tief in mir.
Was mache ich nur mit ihr?
Soll ich sie ignorieren –
oder lasse ich sie gewähren?
Wie gehe ich mit ihr um?
Noch leide ich stumm!
Ich brauche noch Zeit,
doch bald ist es so weit ...
Dann schrei ich sie raus –
und sie lässt mich endlich los!

Leistung

wurde von mir immer erwartet,
und ich habe sie stets gebracht.
Schon in der Schule fing es an;
etwas anderes, als eine Eins zu schreiben, war nicht der Plan.
Zum Glück fiel mir das Lernen leicht;
so hat es für die Eins immer gereicht.
Das ging so weiter –
auch beim Fachabitur.
Verdammt, ich konnte doch auch nichts dafür!
Wie sehr hatte ich mir gewünscht, eine Fünf zu schreiben?
Doch bei dem Wunsch musste es bleiben,
ich wurde auf Leistung erbringen getrimmt;
ein Druck, der mir auch viel Kraft nimmt.
Spaß machte das Leben dadurch auch nicht mehr;
das Streben nach Leistung beherrschte es zu sehr!
Jetzt sollte ich mal endlich lernen,
den Druck von mir zu nehmen!

Selbstbewusstsein

Oh, was für ein tolles Wort,
das man überall und häufig hört.
Das wollte auch ich unbedingt haben!
Das Problem war, das gibt es nicht mal eben so im Laden …
Schnell wurde mir klar,
dass die Beschaffung nicht ganz einfach war.
Also dachte ich lange nach,
wie ich das nur mach!
Es wo zu stehlen, fiel aus,
denn irgendwann kommt alles mal raus!
Und so fing ich an, zu recherchieren …
Tja! Und dann war klar, ich müsste es erst einmal erlernen!
Mein Gott, wie viele Ratgeber es dazu gibt!
So viele, dass man den Wald vor lauter Bäumen nicht mehr sieht.
Dann wurde mir klar,
dass das keine Option für mich war!
Ich brauchte Unterstützung und Hilfe dabei.
Ich suchte mir eine Psychotherapeutin;
die hat mir sehr geholfen!
Den Entschluss habe ich bis heute nicht bereut.
Brauchte ich wieder Hilfe, wäre ich wieder dazu bereit!
Wichtig ist im Leben nur,
dass ich stehe zu mir!
Unabhängig davon, was andere sagen,
man muss es einfach wagen!
Selbstbewusstsein schenkt einem keiner;
doch es bringt einen so viel weiter!
Ein wenig Egoismus ist viel wert
– das habe ich gelernt!

Es war einmal ...

So fangen bekanntlich Märchen an.
Ja, stimmt!
Ich erinnere mich daran.
Meine Oma hatte schon früh bemerkt,
dass es sinnlos ist, wenn sie mir eines erzählt.
Je älter ich wurde, desto mehr wurde klar,
dass ich, was Märchen betraf, einfach anders war.
Übel nahm sie mir das jedoch nicht.
„Gut", dachte sie sich, „das Kind ist halt Realist!"
Zum Karneval wollte ich keine Prinzessin sein ...
Und den Traumprinzen suchen fiel mir nicht ein.
Ok, vielleicht habe ich mal kurz darüber nachgedacht ...
Glücklicherweise bin ich aber früh genug aufgewacht!
Deshalb fand ich auch nie so einen Zettel
mit den Worten „Es war einmal".

Geliebt werden

Ich weiß nicht, wie das ist …
Und doch hab ich es immer vermisst.
Nie sagten meine Eltern: „Wir haben dich lieb!"
Die Sehnsucht danach, sie blieb.
Ich habe fast danach gefleht …
Gehört wurde es nicht!
Heute flehe ich nicht mehr.
Denn es gibt einen Menschen, der liebt mich sehr.
Seine Liebe begleitet mich überall hin –
weil ich selbst dieser Mensch bin!
Der wichtigste Mensch in meinem Leben bin I-C-H.
Denn wenn ich mich nicht liebe, so wie ich bin,
warte ich auf die Liebe anderer vergeblich.

Tränen

wie sie sich anfühlen, weiß ich nicht.
Sie liefen nie über mein Gesicht.
Tränen der Freude oder Tränen der Trauer;
bei mir ist da eine Mauer.
Eine Mauer, die sie zurückhält
und die einfach nicht zusammenfällt.
Doch seine Gefühle zu zeigen, ist richtig –
ob mit oder ohne Tränen ist nicht so wichtig!

Perfekt und schön

Ich entspreche keinem Schönheitsideal;
und das ist mir sowas von egal!
Der Weg dahin war ganz schön schwer.
Manchmal schmerzte der Blick in den Spiegel sehr.
Sind die Schönen wirklich glücklicher?
„Sorry, ich bezweifle das sehr!"
Ständig diese Schinderei ...
Haben die noch Spaß dabei?
Jede Falte in meinem Gesicht hat eine Geschichte.
Ein Grund dafür, dass ich mein Gesicht niemals lifte!
Diese ganzen maskenhaften Gesichter;
teilweise echt grauenhafte Bilder!
Mein Gesicht ist nicht perfekt, doch es ist meins.
Und jeder hat doch seins.
Alle Menschen sind auf ihre Weise schön ...
Man muss es nur sehen!
Oft wurde mir gesagt: „Schau dich an,
an dir ist wirklich nichts Schönes dran!"
Dann schaute ich am mir herunter
und war der Meinung, dass da wirklich nichts war.
Ich fing an, mich mit anderen zu vergleichen.
All das machte mein Leben nicht leichter!
Schritt für Schritt sollte ich lernen,
meinen Körper, so wie er ist, zu lieben.
Wenn man das endlich begreift,
hat man schon viel erreicht!
Jeder Mensch ist wertvoll ...
daran man immer denken soll!
Vielfalt ist eine Chance;
sie zu nutzen, heißt die Aufgabe!

Angst

Klar hab ich die damals auch gehabt –
doch der Kampf hat sich gelohnt!
Es ist nicht immer einfach, mit der Angst zu leben ...
Doch das Leben kann einem so viel geben!

Gefangen

In einen unsichtbaren Käfig gesperrt;
wurde wie an Fäden gelenkt ...
Wichtig war nur, was die Leute denken.
Was wirklich war, sollte keiner merken!
Gefühle wurden mir abtrainiert;
brav sein dafür angewöhnt ...
Hat funktioniert!
Applaus!
Doch jetzt breche ich aus!

COURAGE

Aufrichtig zu leben, birgt Risiken in sich. Rechtschaffenen Menschen wird abverlangt, Mut zu beweisen, wenn sie sich gegen repressive Regime und Ungerechtigkeit stellen. Nicht selten endet das in Sanktionen, von Gefangennahme, wie vor Kurzem bei Alexei Nawalny, bis hin zum ultimativen Preis, den Menschen für ihre Überzeugung bezahlen können. Diese Soldaten im Kampf für eine fairere, bessere Welt bewundere ich zutiefst. Sie leuchten mir den Weg, inspirieren mich, meine eigenen Schlachten auszufechten. Courage ist nicht bloß politischen Dissidenten vorbehalten, sie ist genauso im Alltag verankert. Mit jedem neuen Aufwachen am Morgen können wir entscheiden, wie wir der Welt heute begegnen möchten. Halten wir unsere Ohren und Herzen offen für die Anliegen anderer – oder schließen wir die Scheuklappen, fokussieren uns bloß auf das eigene Ego? Nichts und niemand kann uns diese tagtägliche Entscheidung abnehmen. Den Mut, nicht zu resignieren, den kleinen und großen Herausforderungen entgegenzutreten, muss jeder selbst aufbringen.

An dieser Stelle möchte ich ausdrücklich all jenen meinen Dank aussprechen, die im Zuge der Corona-Krise mitangepackt und Hilfe geleistet haben. So schlimm diese Zeit für uns als Gesellschaft auch war, so gab es doch tagtäglich Geschichten der puren Nächstenliebe, die meinen Glauben an die Menschlichkeit genährt haben.

Nach der Diagnose musste ich mir so oft anhören, was ich nun alles nicht mehr tun könne. Die Limitierungen, die mir durch andere auferlegt wurden, verfestigten sich zu Ketten. Mein Antrieb wurde, mich von diesen einschränkenden Urteilen freizusprengen. Das Leben ist ein Kampf. Manch einer mag diese Aussage für eine Plattitüde halten, ich jedoch habe am eigenen Leib erfahren, dass es sich wirklich so verhält. Zu leben, heißt für mich, immer auch zu kämpfen. Ich tue das gerne, weil ich tief in meinem Inneren spüre, dass es sich um ein lohnendes Unterfangen handelt, dass es so viel Schönes gibt, das ich andernfalls verpassen würde.

Meine Hoffnung gilt der nächsten Generation und all jenen, die darauf folgen werden. Junge Aktivistinnen wie Greta Thunberg lassen mich zuversichtlich in die Zukunft blicken. Die sozialen Medien, die oft zu Recht kritisiert werden, bergen auch die Chance in sich, Menschen, unabhängig von ihrer Herkunft, miteinander zu verbinden und ermöglichen, dass Gleichgesinnte in den Kampf für die gemeinsame Sache ziehen können.

Auch im kleineren Rahmen wird diese Entwicklung hin zu einer engagierteren und auch empathischeren Gesellschaft für mich spürbar: Die Anzahl der Kinder und Jugendlichen, die sich bei mir erkundigen, ob ich Hilfe brauche, die einfach nur nachfragen, wie es mir geht, steigt ständig an. Aus Kindesaugen heraus wieder die Welt zu betrachten, frei von Vorurteilen auf andere zuzugehen, das wünsche ich unserer Gesellschaft voller Sehnsucht.

Lügen und Blendungen bilden keinen Nährboden, aus dem Mut entwachsen könnte. Die Voraussetzung für Mut ist, dass wir uns selbst und unserer Umwelt mit Ehrlichkeit und offenem Herzen entgegentreten. Wenn wir uns einer Sache annehmen, so sollten wir dies stets mit Aufrichtigkeit und wahrhaftiger Motivation tun. Mich bewegt im Kampf für mehr Chancengleichheit, gestärkte Inklusion und Umweltschutz stets die Frage, ob ich am Ende des Tages noch in den Spiegel schauen kann. Im Leben müssen wir oft Kompromisse eingehen, Rückschläge verkraften, uns neu ausrichten. In meiner Dichtung jedoch kann und möchte ich idealistisch sein, herbeischreiben, ja geradezu herbeisingen, was sein könnte. Wenn wir nur bereit sind, alle zusammen, den Mut dafür aufzubringen ...

Ich habe ...

sehr viel gelitten.
Um nichts gestritten.
Alle Schmerzen ignoriert.
Mich nicht beklagt!
Ärger vermieden.
Nur Einsen geschrieben.
Meine Leistung gebracht.
Nach dem „Warum" nie gefragt.
Mich lange verbogen,
und selber belogen.
Endlich gemerkt:
All das war verkehrt!
Diesen Moment genossen,
eine Entscheidung getroffen.
Mit dem Verbiegen aufgehört!
Mehr auf mich vertraut.
Den Kampf aufgenommen.
Schon Schlachten gewonnen.
Bereits sehr viel gelernt.
Mich von den Fesseln befreit.
Mein Leben in die Hand genommen,
mit dem Aufbau meiner Zukunft begonnen!

Herausforderungen

Davon gibt's viele in meinem Leben.
Jedes Mal muss ich entscheiden, ob ich sie annehme.
Manchmal denke ich: „Verdammt, es reicht!"
Dann fällt mir das Annehmen echt nicht leicht.
Und immer wieder raffe ich mich auf,
nehme vieles in Kauf,
weil ich so unheimlich neugierig bin …
Mich frage: „Na, kriegst du das hin?"
Herausforderungen wird es immer geben,
sie gehören nun mal zum Leben.
Und mal ehrlich, es ist auch irgendwie spannend;
denn sie zu meistern, hab ich in der Hand.
Ist es dann wieder geschafft,
hat man danach noch mehr Kraft.
Es wieder geschafft zu haben, ist so ein Megagefühl,
das ich nie mehr missen will!
Wer Herausforderungen als Chance sieht,
kommt in seinem Leben sehr weit …

Sinn

Macht es für mich Sinn,
zu leben?
Oder ist es besser, einfach aufzugeben?
Auch ich habe manchmal schlechte Tage,
an denen ich kaum die Kurve kriege ...
Dann motiviere ich mich,
denn zu leben, lohnt sich!
Es gibt so viel Schönes im Leben;
man muss es nur sehen!
Ich werde zwar nie mehr gesund;
allerdings ist das zum Aufgeben kein Grund!
Körperlich eingeschränkte Menschen können so viel schaffen
...
Man sollte sie endlich lassen!

Die Welt retten

wollte ich auch mal.
Mein Versuch war ein kompletter Reinfall!
Für Wonder Woman ist das sicher leicht,
doch zu Wonder Woman hat es bei mir nicht gereicht!
Es muss doch nicht immer Wonder Woman sein,
denn wir sind viele und sie nur eine allein!
Die Welt geht langsam zugrunde,
langsam stirbt sie, Stunde um Stunde.
Und wir alle sind schuld daran!
Also fangen wir endlich mit ihrer Rettung an!
Wir suchen im All eine neue Welt,
eine, die es bis jetzt noch nicht gibt …
Dabei haben wir so viele Möglichkeiten,
unsere jetzige zu erhalten!
Dass alle mitmachen, das wünsche ich mir …
… dann wird aus den *Ichs* endlich ein *WIR*!

Mich verstecken

Warum sollte ich das tun?
Wofür sollte es sich lohnen?
Nein, das mache ich nicht!
Weil es mein Leben ja doch nicht einfacher macht …
Im Gegenteil: immer Angst, entdeckt zu werden …
„Hallo, was ist denn das für ein Leben?"
Es nicht zu tun, erfordert Mut,
doch es tut wahnsinnig gut!

Motivation

Wo nimmt man sie bloß immer her?
Manches Mal fällt das wirklich schwer!
Über Motivation wird viel geredet;
und häufig wird sie einfach gefordert.
Da gibt es Seminare und Schulungen,
in denen man viel darüber lernen kann.
Ich habe davon auch schon einige gehabt –
und mir viele Gedanken über meine eigene gemacht.
Um mich zu motivieren, dazu braucht es nicht viel;
als Erstes gehört dazu ein klares Ziel.
Kann ich dies vor meinem geistigen Auge sehen,
will alles in mir den Weg dorthin gehen.
Kommt dann noch Wertschätzung und Lob von anderen dazu,
ja, dann nimmt meine Motivation noch unheimlich zu.

Ich will

leben, habe ich damals entschieden.
Dabei ist es bis heute geblieben ...
Gewaltig,
was dieses kleine Wörtchen „will" für eine Kraft hat ...
Das hätte ich niemals gedacht!
Kleiner Tipp:
Tauscht das Wort „muss" gegen „will" aus,
und ihr kommt aus dem Staunen nicht mehr raus!
Ich will in meinen Leben noch so viel erkennen,
deshalb wird es das Wort „muss" für mich nicht mehr geben!

Anders sein

Anders zu sein, ist nicht wünschenswert,
da das ganz schön an den Nerven zehrt.
Es bedeutet viel Entbehrung
und oft jede Menge Erklärung.
Erst verlor ich meine Träume.
Später dann Familie und Freunde!
Schon in der Schule wurde klar,
dass ich irgendwie anders war!
Ich konnte nur Einsen schreiben,
war zu blöd, mal eine Arbeit zu vergeigen.
Habe ständig Fragen gestellt;
wollte wissen, wie funktioniert diese Welt.
Ganz langsam wurde ich zur Außenseiterin,
die ich bis heute auch noch bin.
Denn jetzt bin ich auch noch krank.
Und behindert,
was in unserer Gesellschaft nicht viel Akzeptanz findet.
Ich kämpfe gegen Windmühlen, laufe gegen Wände,
doch mein Kampf ist noch lange nicht zu Ende!
Aus den Steinen auf meinem Weg baue ich ein Haus.
Wenn es fertig ist, schaue ich lächelnd aus dem Fenster raus.
Dann lade ich alle zu mir ein.
Und zeige ihnen, dass es nicht schlimm ist, anders zu sein!

Immer weiter

Stillstand kommt für mich nicht infrage,
weil ich so viel Neugierde in mir trage!
Nach der Diagnose kämpfte ich mich ins Leben zurück.
Ich hab es geschafft –
zum Glück!
Immer weiterzugehen;
daran habe ich mich gewöhnt.
Und bis jetzt hat es immer gelohnt ...
Stillstand würde Langeweile bedeuten.
Wie soll ich mir dann die Zeit vertreiben?
Input ist das, was ich brauche.
Suche immer eine neue Quelle.
Ich bin krank – na und?
Zum Stehenbleiben ist das auch kein Grund!

Die Reise

Eines Tages –
wann, kann ich nicht mehr sagen –
beschloss ich, diese Reise zu wagen.
Ich kaufte ein Ticket für den Zug des Lebens.
Und hoffte und wünschte mir, es sei nicht vergebens.
Nervös und aufgeregt stieg ich dann ein.
Und so fuhr ich los –
ohne zu wissen, wohin.
Die Fahrt mit diesem Zug ist richtig;
sie ist sehr lang, aber wichtig!

Der Berg

Jeden Tag taucht er auf;
und ich will da rauf!
Es gibt Tage, da schaffe ich ein großes Stück.
Doch natürlich auch Tage, da gehe ich wieder zurück.
Manchmal stehe ich auch wieder unten am Fuß.
Aber mein Wille, den Gipfel zu erreichen, ist groß …
Also gehe ich immer wieder los!
Von Tag zu Tag wächst meine Kraft,
ich habe schon ein ganzes Stück geschafft!
Muss nicht mehr so oft bis ganz nach unten zurück.
Zum Gipfel ist es noch ein ganzes Stück!
Ich werde den Weg weitergehen, denn ich kann den Gipfel schon sehen …
Es gibt keinen Weg, der nur gerade ist;
kaum einen, auf dem kein Stein im Weg liegt.
Für mich ist es schöner, auch mal schwierigere Wege zu gehen,
denn da bekommt man oft viel mehr zu sehen.
Wenn ich falle, stehe ich wieder auf.
Denn ich will auf den Gipfel des Berges rauf!

Zukunft

Was bringt sie mir?
Und was erwarte ich von ihr?
„Werden wir noch eine haben?"
Das sollte sich jeder mal fragen!
Ich kämpfe für meine Zukunft jeden Tag,
weil ich kämpfen einfach mag.
Doch unsere Zukunft ist bedroht!
Und um sie zu kämpfen etwas, das sich lohnt!
Klimawandel, Umweltschutz, Kriege …
diese Themen treiben mich.
Kümmern wir uns genug darum?
Wir haben unsere Zukunft und die der Erde in der Hand.
Ich hoffe wirklich, wir fahren diese Chance
nicht gegen die Wand!

Mein Traum

Ich träume von einer besseren Welt,
in der jeder Mensch gleich viel zählt.
Jeder Mensch ist, so wie er ist, richtig!
Die Vielfalt als Chance zu sehen, ist wichtig.
Da gibt es so Worte wie Barrierefreiheit und Inklusion …
Beides fängt im Kopf an!
Und davon sind wir noch sehr weit entfernt,
das habe ich inzwischen gelernt!
Solange wir das nicht erreichen können,
wird sich mein Traum nicht erfüllen …

Mehr W-I-R

Das wünsche ich mir sehr ...
Sehr oft hört man nur ein I-C-H.
Und das ärgert mich!
Warum fällt es den Menschen denn so schwer?
Wo kommt dieser Egoismus nur her?
Schon in der Steinzeit waren wir aufeinander angewiesen.
Auch heute können Menschen nicht ohne andere leben!
Was mir jedoch besonders Sorgen macht,
ist, dass es mit der Inklusion nicht klappt!
Auch Menschen mit Handicap haben so viel zu geben ...
Und die Vielfalt an Menschen bereichert das Leben!
Und ging es nach mir,
dann hieß es weniger I-C-H, sondern mehr W-I-R!
Ich weiß, es ist zu schaffen!
Deshalb höre ich nicht auf, darauf zu hoffen!
Ich kämpfe auch immer weiter dafür,
denn ich will noch viel mehr W-I-R!

Die Suche

„Wer bin ich?", habe ich mich schon oft gefragt.
Und darauf nie eine Antwort gehabt.
Immer wieder mit der Suche angefangen,
doch nicht wirklich weitergekommen.
Schon lange beschäftigt mich diese eine Frage,
und mich ärgert, dass ich noch keine Antwort darauf habe!
Jetzt habe ich auf diese Frage keine Lust mehr!
Habe mir überlegt: „Eine neue muss her!"
Jetzt frage ich danach, was ich im Leben will …
und bleibe so jetzt am Ball.
Die Frage „Was will ich?" macht mehr Sinn!
Habe ich darauf die Antwort, weiß ich auch, wer ich bin!

Persönlich

Hallo,
da bist du ja, ich hab dich entdeckt!
Wo hast du dich nur so lange versteckt?
Manchmal habe ich dich gesucht;
und manchmal habe ich dich auch verflucht!
Dann habe ich es wieder aufgegeben,
hab mir gedacht: „Du hast dein eigenes Leben."
Oft stand ich vor dem Spiegel;
und fragte mich, wie du wohl bist.
Ich wollte reden mit dir,
erzählen von m-i-r.
Wollte dich kennenlernen,
deine beste Freundin werden.
Dann hab ich die Suche wieder aufgegeben!
So ist das halt manchmal im Leben.
Und jetzt stehen wir zusammen hier …
Du warst immer da,
nur verdeckt von Trümmern.
Jetzt kann ich mich wieder erinnern.
Wir haben uns viel zu erzählen!
Ich sage:
„Herzlich willkommen, mein wirkliches I-C-H!"

Verloren

habe ich so oft in meinem Leben.
Trotzdem habe ich nie aufgegeben!
Ich habe es immer wieder probiert –
und das hat auch zumeist gut funktioniert.
Rückschläge, die gibt es immer mal …
gut, bei mir war das leider häufig der Fall!
Immer mit dem Kopf durch die Wand
und steckte ihn nie in den Sand!
Eine Menge Steine habe ich aus dem Weg geräumt –
die Arbeit habe ich nicht einmal bereut!
Viele Schlachten habe ich schon gewonnen;
meine letzte hat noch längt nicht begonnen!

SCHLUSSWORT

Die Verse in diesem Band bilden die letzten fünfzehn Jahre meines dichterischen Schaffens ab. In einem Leben wie dem meinen, das durch den konstanten Blick nach vorne bestimmt wird, bietet das Dichten die Möglichkeit, Rückschau zu halten und sich mit der eigenen Vergangenheit und Gegenwart auseinanderzusetzen. Gedichte halten Momente fest und bewahren sie für einen späteren Zeitpunkt, wo wir sie umso aufmerksamer betrachten können.

Mein Ziel war, auf eine neuartige Weise meine Geschichte zu erzählen. So, dass ich mich selbst und meine Wahrnehmung der Welt abgebildet sehe und dies voller Selbstvertrauen nach außen strahle. Eingangs schon habe ich euch gewarnt, liebe Leserinnen und Leser, dass ihr von mir keine gewöhnliche Biografie würdet erwarten können. Hoffentlich ist es mir dennoch – oder vielleicht gerade deshalb! – gelungen, euch an meinem Leben teilhaben zu lassen.

Als viel entscheidender noch empfinde ich das Ansinnen, dass meine Dichtung berührt und bewegt. Mein sehnlichster Wunsch dahin gehend ist, dass ich mit meinen Zeilen zum Nachdenken anregen kann. Ob ich Menschen auch dazu animieren kann, ihre vorgefertigten Meinungen zu ändern, dieses Urteil maße ich mir nicht an. Sehr wohl möchte ich an dieser Stelle unterstreichen, wie wichtig mir erscheint, dass wir wieder vermehrt miteinander ins Reden kommen. Gegenseitiges Verständnis, Empathie für andere, ja selbst Liebe können nur dort entstehen, wo Menschen den Austausch von Gedanken, Gefühlen und Lebenserfahrungen nicht scheuen. Mit offenen Ohren und mit offenem Herzen durch das Leben zu gehen, das ist mein entschiedenes Ziel.

Derweil ist meine Zeit des Dichtens noch lange nicht abgeschlossen. Die Verrohung der Gesellschaft und unserer Umwelt, Nachhaltigkeit und Tierschutz sind Themen, die mich tagtäglich begleiten, die mich geradezu drängen, Stellung zu beziehen. Nur eben – wie schon in diesem Band – auf meine Art. Ich schreibe diese Zeilen mit dem Blick vorwärtsgerichtet, gegen den Stillstand und die Resignation ankämpfend.

Meine Reise dauert ungebremst an und es würde mich freuen, liebe Leserinnen und Leser, sie mit euch gemeinsam weiter zu beschreiten.

Eure

Sigrid Alberti

Bewerten
Sie dieses **Buch**
auf unserer
Homepage!

www.novumverlag.com

Die Autorin

Sigrid Alberti wurde 1965 in Meschede geboren, als Jugendliche erhielt sie die ihr Leben prägende Diagnose: Morbus Addison. Nichtsdestotrotz absolviert sie ihr Fachabitur und ist bis heute als Bürokauffrau tätig. Zu ihren Lieblingsaktivitäten zählen Lesen, Gedichte Schreiben und Spaziergänge in der Natur. Eine ihrer besonderen Fähigkeiten ist es, die Perspektive zu wechseln – und das kommt ihr auch bei ihrem Erstlingswerk „Kann ich nicht = will ich nicht" zugute. Denn aufgegeben hat Sigrid Alberti, die heute in Arnsberg lebt, noch nie.

Der Verlag

*Wer aufhört
besser zu werden,
hat aufgehört
gut zu sein!*

Basierend auf diesem Motto ist es dem novum Verlag ein Anliegen, neue Manuskripte aufzuspüren, zu veröffentlichen und deren Autoren langfristig zu fördern. Mittlerweile gilt der 1997 gegründete und mehrfach prämierte Verlag als Spezialist für Neuautoren in Deutschland, Österreich und der Schweiz.

Für jedes neue Manuskript wird innerhalb weniger Wochen eine kostenfreie, unverbindliche Lektorats-Prüfung erstellt.

Weitere Informationen zum Verlag und seinen Büchern finden Sie im Internet unter:

www.novumverlag.com